Für Groß und Klein

Für Amy, Daniel und Kate
G. L.

Für meine wunderbare Tochter Chloe
D. H.

Text copyright © Gilian Lobel 2008
Illustrationen copyright © Daniel Howarth 2008
Veröffentlicht nach Vereinbarung mit Meadowside Children's Books, 185 Fleet Street, London EC4A 2HS

Alle Rechte vorbehalten. Die vollständige oder auszugsweise Speicherung,
Vervielfältigung oder Übertragung dieses Werkes, ob elektronisch, mechanisch,
durch Fotokopie oder Aufzeichnung, ist ohne vorherige Genehmigung
des Rechteinhabers urheberrechtlich untersagt.

Die deutsche Ausgabe erscheint bei
Parragon Books Ltd
Queen Street House
4 Queen Street
Bath BA1 1HE, UK

Realisation der deutschen Ausgabe: trans texas publishing, Köln
Übersetzung und Satz: Ronit Jariv, Köln
Lektorat: Ulrike Reinen, Köln

ISBN 978-1-4454-5537-2
Printed in China

Für Groß und Klein

Gillian Lobel • Daniel Howarth

Die kleine Maus schlief tief und fest in ihrem gemütlichen, weichen Nest. Es war so richtig kuschelig warm dort zwischen ihrer Mama und ihren sechs Geschwistern. Plötzlich kribbelte ihre Nase …

„Hatschi!", nieste die kleine Maus.

Die kleine Maus lief
durch einen weichen, grünen Tunnel.
Seltsame Gerüche drangen in ihre Nase.
Ihre Schnurrhaare zitterten vor
Aufregung.

Und plötzlich war sie draußen – in der großen Helligkeit.
Neugierig wagte sie sich ins Tageslicht vor ...

Die kleine Maus sah sich um – und erblickte ein kleines, dickes Wesen in einem schwarz-gold gestreiften Pelzmantel, das laut summte.
„Wer bist du denn?", rief die kleine Maus.
„Sag mir doch bitte, wie du heißt!"
Das pelzige Wesen summte noch lauter.
„Ich bin eine **Biene**, kleine Maus!", sagte sie, flog davon ...

und landete auf etwas Gelbem,
das wunderschön glänzte.
„Flieg bitte nicht weg!", piepste die kleine Maus.
„Sag mir erst, worauf du da sitzt!"

„Das ist eine **Blume**, kleine Maus," summte die Biene.
Und dann tauchte sie ganz in die Blume ein, um ihr Frühstück zu schlürfen.
„Biene, Blume", murmelte die kleine Maus. „Was für ein wunderbarer Ort!"

Sie spürte etwas Warmes, Angenehmes auf ihrem Rücken und schaute hoch.
Weit, weit oben sah sie ein strahlend helles Licht!
Es schien ihr auf die Ohren und die Zehen und wärmte sie.
„Biene, sag mal, wer ist denn das?"
Die kleine Maus zeigte hoch zum Himmel.

„Das ist die liebe **Sonne**, kleine Maus,
die lebt im **strahlend blauen Himmel**."
„Biene, Blume, Sonne und strahlend blauer Himmel",
wiederholte die kleine Maus. „Und sag mal Biene, was ist…"

Aber die Biene war schon davongeflogen.

Plötzlich flog etwas haarscharf an der kleinen Maus vorbei und landete direkt neben ihr. Es war blau wie der Himmel und leichter als die Luft. „Kleiner Himmel", staunte die kleine Maus, „wer bist du denn?"
„Ich bin ein **Schmetterling**, kleine Maus", flüsterte der Schmetterling und lachte hell wie ein Silberglöckchen.

„Biene, Blume, Sonne, Himmel
und Schmetterling",
jubelte die kleine Maus.
„Was für ein wunderbarer Ort!"

„Und das ist noch lange nicht alles", sagte der Schmetterling. „Schau nur!" Er zeigte ihr die Vögel, die die Luft mit ihrem Gezwitscher erfüllten, das raschelnde Schilf, die hübschen Gänseblümchen und die Tautropfen auf dem Spinnennetz.

„Jetzt muss ich aber los", sagte der blaue Schmetterling.
„Auf Wiedersehen, kleine Maus!" Dann flatterte er davon.

Die kleine Maus zitterte vor lauter Aufregung.
„Ich muss ganz schnell nach Hause und allen erzählen, was ich gesehen habe!"

Doch da eilte schon die Mäusemama herbei, die nach ihr gesucht hatte.

„Mama!", rief die kleine Maus, „ich hab hier draußen ganz viele tolle Dinge gesehen – eine Biene, eine Blume, die goldene Sonne, den strahlend blauen Himmel, einen Schmetterling, die Vögel in der Luft – und noch vieles mehr. Was ist das für ein Ort, Mama? Kannst du mir das sagen?"

„Aber das ist doch die **Welt**, kleine Maus – unsere wunderbare Welt!", antwortete die Mäusemama.

Und dann gingen sie zusammen in ihr Nest.

„Die Welt..." murmelte die kleine Maus, während sie sich an ihre Mama kuschelte, „die große weite Welt. Aber für wen ist die Welt denn da, Mama? Gehört sie uns?"

„Ja", antwortete die Mutter. „Sie gehört den Bienen und den Schmetterlingen, den Blumen, Vögeln, Spinnen und dem rauschenden Schilf.
Und es ist auch unsere Welt. Diese **Welt** ist ...

für alle, für Groß und Klein!"

Da seufzte die kleine Maus tief und zufrieden,
legte sich zu ihren sechs Geschwistern ins warme,
weiche Nest und schlief ein.